UNIVERSITÄTSREDEN

HEFT 4

# Erinnerung an Otto Hahn

Enthüllung einer Gedenktafel
am Hause Altensteinstraße 48
und Benennung des Otto-Hahn-Platzes
am 26. November 1982

DUNCKER & HUMBLOT / BERLIN

Alle Rechte vorbehalten
© 1983 Duncker & Humblot, Berlin 41
Gedruckt 1983 bei Berliner Buchdruckerei Union GmbH., Berlin 61
Printed in Germany
ISBN 3 428 05472 5

EBERHARD LÄMMERT

Sehr geehrte Angehörige Otto Hahns, Herr Bürgermeister
Klemann, meine Abgeordneten und Stadträte, lieber Herr Lüst
und mit Ihnen alle Vertreter der uns befreundeten Institute
der Max-Planck-Gesellschaft, lieber Herr Käding, der Sie als
Schüler Otto Hahns zu uns sprechen werden, sehr geehrte
Abgeordnete und Vertreter des Senats von Berlin, liebe Gäste,
Freunde und Angehörige der Freien Universität Berlin,
meine Damen und Herren!

Sie alle sind gekommen, um den Tag einer neuerlichen und noch
engeren Verbindung der Freien Universität und des Bezirks Zehlendorf mit einem Gelehrten zu begehen, der hier in Dahlem seine Arbeit
tat und der von hier aus der Welt Erkenntnisse überantwortete, deren
Verarbeitung und Bewältigung für das fernere menschliche Zusammenleben noch heute zu unseren vordringlichen Sorgen gehören.

Als die Freie Universität im Jahre 1948 gegründet wurde und ihre
erste Bleibe in der Boltzmannstraße fand, die nach dem Namen eines
anderen großen Physikers benannt ist, da bedeutete dies einen Bruch
mit der ihrer Tradition entfremdeten Universität Unter den Linden
und zugleich eine Behütung und Fortsetzung der Aufgabe, die deren
Begründer Wilhelm von Humboldt ihr einst gesetzt hatte: der Aufgabe, eine Stätte der freien Forschung und der humanen Bildung zu
sein. Jene Universität Unter den Linden hatte nach dem Zweiten
Weltkrieg den Namen Humboldts eben zu dem Zeitpunkt angenommen, da sie mit der Übernahme eines doktrinären Erziehungssystems
aufhörte, ihn zu verdienen. Die Freie Universität indessen fand in
Dahlem nicht nur deshalb ihren Ort, weil hier im eingeschlossenen
Berlin noch freie Flächen verfügbar schienen — viel weniger als sie

tatsächlich brauchte, wie sich später herausstellte —; es zog ihre Gründer auch deshalb nach Dahlem, weil unter der Weitsicht der preußischen Wissenschaftsverwaltung und der Rektoren der alten Friedrich-Wilhelms-Universität, vor allem durch Althoff und von Harnack, die Kaiser-Wilhelm-Gesellschaft zur Förderung der Wissenschaften hier kurz vor dem Ersten Weltkrieg ihre ersten großen Institute errichtet und damit unter anderem Berlin zu einem Ort von unvergleichlicher Konzentration der physikalisch-chemischen Forschung in der Welt gemacht hatte. Es war ein Trost und zugleich eine nicht leichte Bürde für eine neue Institution, so in die Ruinen einer großen Vergangenheit hineingepflanzt zu werden, einer Vergangenheit, die sie zugleich fortzuführen und zu überwinden hatte. Fortzuführen in der gewissenhaften Wiederaufnahme selbstverantwortlicher wissenschaftlicher Arbeit, zu überwinden nach aller politischen und moralischen Zerstörung, die das nationalsozialistische Gewaltregiment ihr in Deutschland und in aller Welt bereitet hat.

Der tiefe Einschnitt in die Geschichte, von dem auch die Gründung der Freien Universität Berlin ein Zeugnis ist, und der seither immer raschere Wandel unserer gesamten Lebensverhältnisse und auch der wissenschaftlichen Erkenntnisse, die ihn verursachen und begleiten, hat uns wenig angehalten, uns an Vorbildern zu orientieren. Zu übergänglich werden uns auch die bedeutenden Arbeiten einzelner Wissenschaftler, und zu massenhaft und zu rasch wird der Umsatz wissenschaftlicher Erkenntnisse, als daß wir leicht Ruhepunkte der Orientierung fänden, die uns doch wohltäten, um unsere eigenen Maßstäbe an ihnen zu prüfen.

Die alten Universitäten tragen ihre Namen allermeist nach ihren fürstlichen Gründern aus der Zeit, da die Bevölkerung eines Landes sich in ihren Fürstenhäusern repräsentiert sah. Demokratien haben es ungleich schwerer, sich in einzelnen Bürgern repräsentiert zu sehen: Die vergeblichen Anläufe, in denen deutsche Universitäten seit 1945 ihre Namen mit wissenschaftlichen, literarischen oder politischen Vorkämpfern demokratischer Menschenrechte verbinden wollten, legen davon ein deutliches Zeugnis ab. Dennoch bedarf es solcher Orientierung an einzelnen, die mit ihrem Leben und Wirken für die Zukunft

Maßstäbe setzten, heute so gut wie in früheren Zeiten, und wenn wir in einer Demokratie, die ihren Bestand auf die freie Meinung und auf die Selbstverantwortung ihrer Bürger gründet, auch in der Wahl solcher Vorbilder frei sind, dann ist uns damit auch die Pflicht auferlegt, eine solche Wahl vor uns selbst und vor anderen eigens zu begründen.

Otto Hahn gehört mit Albert Einstein, mit Max von Laue und mit Lise Meitner, deren gemeinsames Geburtsjahr wir vor drei Jahren in Berlin feierten, und mit ihrem wenig älteren Freund und Förderer Max Planck zu denen, die in den ersten Jahrzehnten unseres Jahrhunderts in Berlin das „Goldene Zeitalter der Physik" heraufführten. Die Überschreitung der klassischen Physik zu einer kosmischen Physik — so der Titel der Antrittsvorlesung von Lise Meitner und der Rahmen von Einsteins Relativitätstheorie — und zur Atomphysik, mit den Arbeiten von Max Planck und Otto Hahn, hat nicht nur der Wissenschaft, sondern auch der Wirtschaft und der Politik rund um den Erdball ein neues Gesicht gegeben. Die Labor- und die Schreibtischarbeit aber, die zu solchen Veränderungen führte, geschah keineswegs im Höhenflug solcher globalen Erwartungen. Sie war exakte und mühevolle Kleinarbeit, ein Schritt-für-Schritt-Vordringen ins Unbekannte: Sie kannte den beseligenden Moment der Bestätigung einer vorgefaßten Hypothese und die zurückwerfende Enttäuschung fehlgeschlagener Versuchsreihen: Ihre Triebkraft waren Neugier und Erkenntnislust, und wäre die Weltveränderung von vornherein ihr erklärtes Ziel gewesen: man kann fast sicher gehen in der Annahme, sie hätte es nicht erreicht.

Heute, da die wissenschaftliche Arbeit auf mehr als einem Gebiet über die Beherrschung der Natur hinaus vordringt zu der Möglichkeit, den Menschen zu verändern und das Überleben der Menschheit mit zu bestimmen, ist viel die Rede von der Pflicht des Wissenschaftlers zur Folgenabschätzung und zur Verantwortung für den Erkenntnisfortschritt selbst. An der Arbeit Otto Hahns und an seiner Wahrnehmung dieser Verantwortung läßt sich der Sinn, aber auch die oft pauschale Großspurigkeit dieser Forderung ermessen, und dies ist einer der Anlässe, ihre Vorbildlichkeit für uns zu prüfen.

In der wissenschaftlichen Selbstbiographie, die Otto Hahn als 80jähriger niederschrieb, findet sich der schlichte Satz: „Es ist in der Tat so, daß ich oft erst etwas anderes gefunden habe, als ich gesucht habe."

Dieser Satz leugnet nicht die Steuerbarkeit der wissenschaftlichen Erkenntnis auf ein vorgesetztes Ziel hin, er hat sie vielmehr zur Voraussetzung. Aber er macht auch kenntlich, daß Neugier und Erkenntnistrieb, die für sich genommen noch keine Tugenden, sondern eine Naturgabe des Menschen sind, neben dem Erstrebten oft genug auch das Unverhoffte zu Tage fördern, und daß dies Unverhoffte oft genug zum Fundament neuer Erkenntnisse von erheblicher Reichweite wird. Selbst die Herbeiführung der Uranspaltung hat etwas von der Abenteuerlichkeit des Unverhofften an sich: Otto Hahn und Fritz Straßmann hatten ein „reguläres" Ergebnis ihrer Uranbestrahlung erwartet und keine Mühe gescheut, das erwartete Folgeprodukt zu sichern, bevor die Unmöglichkeit seiner Isolierung den Verdacht aufkommen ließ, das Uran könne „zerplatzt" sein. Aber erst die Berechnungen, die die gewissenhafte Lise Meitner an ihrem schwedischen Fluchtort an den Daten der Experimentenreihe unternahm, als Otto Hahn sie ihr zuschickte, brachten an den Tag, was ihm hier eigentlich gelungen war: Der glückliche Fund stand am Ende einer gezielten, aber eben nicht bis ins letzte vorher berechenbaren Kette experimenteller Anstrengungen.

Die Geschichte dieser Entdeckung und ihrer Folgen kann ein Lehrstück sein: ein Lehrstück der abgestuften und verteilten Verantwortlichkeit vieler Beteiligten am Gewinn und an der Verwertung einer wissenschaftlichen Erkenntnis.

Zwischen der Grundlagenforschung, die bei ihren Vorstößen ins Unbekannte notwendig offen und aufmerksam auf jeden möglichen Erkenntnisgewinn betrieben werden muß, und der angewandten Forschung für technische Zwecke und schließlich ihrer Verwertung zum Segen oder zum Fluch des menschlichen Zusammenlebens sind Schwellen zu beachten, an denen sowohl der Anteil der Verantwortlichkeit des einzelnen als auch die Verteilung der Verantwortlichkeit auf viele sich stufenweise verändern. Derselbe Forscher, der mit gebannter Aufmerksamkeit sein Experiment oder die Folge seiner Gedankenschritte auswertet, ohne anderes als ihre pure Logik im Sinn zu haben, ist nicht ohne Verantwortung für die Folgen seiner Tätigkeit. Aber er muß frei und uneingegrenzt bleiben im Spielraum seines Erkenntnistriebes, weil er anders seine Mitmenschen um eine mögliche Erkenntnis betröge.

Moralisch aufgeladen oder belastet wird diese Erkenntnis erst zunehmend auf dem Wege vom Denken zum Handeln. Wer diese Umsetzung vom Denkergebnis zur Verwertung dieses Ergebnisses mitvollzieht: der Technologe so gut wie der, der diese zweckgerichtete Umsetzung finanziert, und der Politiker, der sie begünstigt, der übernimmt zusammen mit dem ersten Spender dieser Erkenntnis die Verantwortung für die weiteren Schritte, und immer mehr Beteiligte bis hin zu Parlamenten, Industrieeignern und schließlich dem Gros der Verbraucher und Nutzanwender nehmen sie dem Wissenschaftler in dem Maße ab, in dem er selbst nicht mehr handelnd, sondern allenfalls noch redend oder schreibend auf die Weiterverwertung Einfluß nehmen kann.

Otto Hahn hat sechs Jahre nach seiner Entdeckung in britischem Gewahrsam mit seinen engsten Kollegen die Explosion der beiden Atombomben über japanischen Städten erlebt. Er hatte zwischen 1939 und 1944 seine weiterführenden Arbeiten pünktlich veröffentlicht, während die Forscher und die Techniker, die diese Bomben vorbereiteten, ihre Arbeitsschritte erst anderhalb Jahre danach der Öffentlichkeit bekanntgaben.

Der Weg von Otto Hahns Entdeckung zur Atombombe ist eine Geschichte, an der viele, zuletzt Millionen von Menschen beteiligt waren, zuerst und vor allem die Machthaber des Reiches, das in diesen sechs Jahren für die Ermordung von sechs Millionen Juden und den Kriegstod vieler Menschen verantwortlich wurde. Otto Hahn hat dazu nicht geschwiegen. Eine Gedenktafel in seinem alten Institut, das schon seit drei Jahrzehnten als Otto-Hahn-Bau zur Freien Universität gehört, nennt die erste Schwelle, an der Otto Hahn mit seinen Experimenten 1939 angekommen war: „Diese Tat hat der Erforschung der Materie und des Weltalls neue Wege eröffnet und die Energie der Atomkerne dem Menschen in die Hand gegeben."

Dies war der erste Teil seiner Verantwortung, die zur Hauptsache in seiner Hand lag. 1955 haben „Naturforscher aus verschiedenen Ländern, verschiedener Rasse, verschiedenen Glaubens, verschiedener politischer Überzeugung", verbunden durch ihre Auszeichnung als Nobelpreisträger, sich in einer öffentlichen Kundgebung zu den politischen Folgen dieser Arbeit geäußert. Sie sprachen ihr Entsetzen darüber aus, daß die Wissenschaft, die Wege zu einem glücklichen Leben der Menschen öffnen kann, der Menschheit auch „Mittel in die Hand gibt, sich selbst zu zerstören". Es liegt nicht in der Macht der Wissenschaftler allein, diese Wahl zu treffen, aber es liegt noch in ihrer Verantwortung, sie öffentlich zu beurteilen. Der Satz, der diese Mainauer Erklärung beschließt und in dem das wissenschaftliche Ethos des Entdeckers Otto Hahn sich verbindet mit der Stellungnahme des politisch mitverantwortlichen Bürgers, lautet: „Alle Nationen müssen zu der Entscheidung kommen, freiwillig auf die Gewalt als letztes Mittel der Politik zu verzichten; sind sie dazu nicht bereit, so werden sie aufhören zu existieren."

Diesen Satz setzen wir, geprägt auf eine Bronzetafel, die uns Eberhard Luttner gestaltet hat, den Benutzern des Hauses zum Motto, das Otto Hahn lange Jahre bewohnte und das sein Enkel Dietrich Hahn uns durch einen sehr großzügigen Kaufvertrag zur weiteren Nutzung für die Wissenschaft überlassen hat. Wir sind voller Dank für diese Übereignung und sind uns des Vertrauens bewußt, das damit in die Freie Universität gesetzt ist.

Die Abteilung für Forschung und Forschungsförderung, die zusammen mit dem Vizepräsident für Forschung in diesem Hause schon seit längerer Zeit arbeitet, hat damit eine Maxime erhalten, die für unser aller Arbeit eine Vorgabe sein soll. Zu dem Platz hin, der nun auch den Namen Otto Hahns tragen soll, sprechen diese Worte aber auch alle Bürger unseres Bezirks und unserer Stadt an, sich dieser Gemeinverantwortung für den Umgang mit wissenschaftlicher Arbeit zusammen mit uns bewußt zu sein.

Zusammen mit uns tragen auch andere wissenschaftliche Institutionen in Zehlendorf die Tradition der Arbeiten und der wissenschaftlichen Gesinnung Otto Hahns weiter. Schon der Name des Instituts, das ihm am unmittelbarsten verbunden ist, des Hahn-Meitner-Instituts, zeigt uns an, daß Otto Hahns Arbeiten zum guten Teil aus der Verbundenheit mit anderen Wissenschaftlern hervorging, und dabei gebührt es Lise Meitner, die hier in Dahlem bis zu ihrer Flucht im Jahre 1938 dreißig Jahre lang seine engste wissenschaftliche Partnerin war, vor anderen und stellvertretend genannt zu werden. Der Vorbildlichkeit dieser Zusammenarbeit ist ebenfalls zu gedenken, wenn wir heute mit befreundeten wissenschaftlichen Institutionen und mit dem Bezirk Zehlendorf gemeinsam eine neue Verbindung zu Otto Hahn stiften.

Otto Hahn hat seinen wissenschaftlichen Weg auf einem damals eher abseitigen, ja von den klassischen Chemikern teilweise nur mäßig geachteten Gebiet begonnen. Lise Meitner kam auf den Weg von der Physik zur Kernphysik nicht nur als Einzelgängerin, sondern als Außenseiterin im doppelten Sinne, weil sie eine Frau war. Das Abseits ist ganz wörtlich zu nehmen und bestand in einem Holzschuppen, in dem sie, bald zusammen mit Otto Hahn, ihre ersten Experimente machen durfte. Von den klassischen Disziplinen her neue Grenzfelder auszumachen und anzureichern, das waren die ersten Schritte, die Otto Hahn und Lise Meitner für sich und dann aufeinander zu machten. Chemie und Physik wurden nicht zuletzt unter ihrer Hand zur Radiochemie und Kernphysik und damit schließlich zu einem Gebiet verschmolzen, das nun längst eine eigene Disziplin darstellt. Auch an dieser Entwicklung kann eine Universität Vorbild nehmen. Selbst und gerade in den kargen Zeiten, die ihr nun aufgegeben sind, darf die Universität die Aufmerksamkeit auf neue Schneisen und deren Verbreitung nicht sinken lassen, wenn sie eine Stätte fortschreitender Erkenntnissuche sein will. Sie darf dies aber erst recht nicht ohne das Zusammenwirken mit anderen Forschungseinrichtungen, um jenen Vielklang der Forschungs- und Bildungsarbeit fortführen, der einst den besonderen Charakter der Wissenschaftsstadt Berlin ausmachte. Die Zusammenarbeit von Lise Meitner und Otto Hahn kann dafür ein Maßstab sein.

Dies gilt insbesondere für die Kooperation mit den Instituten der Max-Planck-Gesellschaft, der wiederum Otto Hahn nach dem Zweiten Weltkrieg für anderthalb Jahrzehnte ihr Gesicht gegeben hat. Als Otto Hahn den Wiederaufbau der Kaiser-Wilhelm-Gesellschaft nach dem Wunsche Max Plancks im Jahre 1946 übernahm, war er bereits in einem Alter, in dem der Deutsche Bundestag vor einigen Jahren nach ehernen Beamtenregeln die Pensionierung der an seinen Universitäten tätigen Wissenschaftler vorgesehen hat. Die Wirksamkeit Otto Hahns nach dieser Zeit ist eines der Signale, das unsere politischen Parteien wahrnehmen sollten, um sich die Frage zu stellen, ob diese gesetzliche Regelung der Weisheit letzter Schluß war. Eine Bevölkerung, die ihre wissenschaftlichen Köpfe nicht nur entpflichtet, sondern routinemäßig in Pension schickt und ihnen damit sogar die Mitgliedschaft an ihren wissenschaftlichen Institutionen entzieht, begibt sich des Rechtes, die weitere Denkarbeit ihrer Wissenschaftler zu ihrem eigenen Nutzen als eine öffentliche Verpflichtung anzuerkennen.

Es ist zwar kein geringer Trost, daß dem ungeachtet die Max-Planck-Gesellschaft mit ihren Berliner Institutionen und die Freie Universität nun weiterhin auch im Namen Otto Hahns ihre Verbundenheit bekräftigen, und dies in Anwesenheit seines heutigen Nachfolgers Reimar Lüst. Lise Meitner und Otto Hahn haben mit einer beachtlichen Reihe angesehener Gelehrter in Dahlem ihre Arbeitsstätten gehabt. Die langjährige und prägende Zugehörigkeit großer Forschungsinstitute zum Ortsbild von Dahlem macht uns schließlich darauf aufmerksam, daß Dahlem nicht nur ein wunderschöner Ort im Grünen, sondern auch eine Wissenschaftstadt von hohem Grade gewesen ist und daß uns die Chance aufgegeben ist, dies in beider Hinsicht zu erhalten. Deshalb erfüllt es uns mit besonderer Freude, daß der Bezirk Zehlendorf und die Freie Universität sich heute durch zwei gleichzeitige Akte des öffentlichen Gedenkens zusammenfinden unter einem Namen, der ihnen beiden zur Ehre und zur Verpflichtung gereicht.

## REIMAR LÜST

Ich freue mich, daß ich als einer der Nachfolger von Otto Hahn im Amt des Präsidenten der Max-Planck-Gesellschaft auch die Gelegenheit habe, kurz das Wort zu ergreifen.

Es gibt wohl nur wenige Wissenschaftler in diesem Jahrhundert, deren Name sich so sehr dem öffentlichen Bewußtsein eingeprägt hat wie der Otto Hahns, ja der fast zu einer Art Synonym für wissenschaftliche Entdeckung überhaupt geworden ist, und zwar Entdeckung mit vergleichsweise einfachen und bescheidenen Mitteln. Manch einer von Ihnen hat sicher — als Fotografie oder im Original im Deutschen Museum — den berühmten Arbeitstisch von Otto Hahn gesehen, der im Vergleich zu heutigen Laboreinrichtungen geradezu rührend schlicht anmutet.

Otto Hahn also als Synonym für wissenschaftliche Entdeckung und darüber hinaus für hohe menschliche Integrität, Bescheidenheit und Weisheit: solch eine Persönlichkeit sieht man gern durch Verleihung eines Platz- oder Straßennamens geehrt, und im Fall Otto Hahns ist das ja auch schon oft geschehen. Die heutige Namensgebung ist natürlich trotzdem etwas Besonderes, denn an dem Platz, der heute seinen Namen erhält, hat er ja eineinhalb Jahrzehnte lang wirklich gelebt und gewohnt.

Mitte März 1929, wenige Tage nach Vollendung seines 50. Lebensjahres (8. März 1929) ist er mit seiner Familie in das damals neuerrichtete Haus (10 Minuten zu Fuß vom Kaiser-Wilhelm-Institut für Chemie) eingezogen. So lange konnte es damals immerhin dauern, bis der Direktor eines Kaiser-Wilhelm-Instituts sein eigenes Haus bezog. Otto Hahn war schließlich schon im Jahre 1912 bei der Gründung des ersten Kaiser-Wilhelm-Instituts, des Kaiser-Wilhelm-Institus für Chemie, zum Leiter der später berühmten Abteilung für Radioaktivität gemacht worden. Andererseits würden Sie staunen, welch geringer Preis bei den damaligen Verhältnissen für den Kauf des Grundstücks und den Bau der Villa aufzuwenden war — doch genug der Vergleiche! Otto Hahn jedenfalls hat sich mit 50 Jahren in diesem Haus keineswegs zur Ruhe gesetzt. Vor ihm lag ein Jahrzehnt, an dessen Ende erst — ungewöhnlich im Leben eines Wissenschaftlers — die bedeutendste Entdeckung seines Lebens und eine der bedeutendsten dieses Jahrhunderts stehen sollte: die Urankernspaltung.

1946 kehrte Otto Hahn aus der Internierung in England zurück und übernahm in Göttingen — gemäß einer schriftlichen Abstimmung unter den Direktoren der Kaiser-Wilhelm-Institute — von Max Planck das Amt des Präsidenten der Kaiser-Wilhelm-Gesellschaft. Von 1948—1960 war er Präsident der Nachfolgeorganisation, der Max-Planck-Gesellschaft, und blieb infolgedessen am Sitz der Gesellschaft in Göttingen. Zu seinem alten Wohnsitz in Berlin ist er nicht wieder zurückgekehrt. Ich finde es indessen sehr schön, daß man mit der Anbringung der Gedenktafel in Erinnerung ruft, in welcher Umgebung und Atmosphäre Otto Hahn zur Zeit seiner größten Entdeckung gelebt hat.

So möchte ich mit einem dreifachen Dank schließen. Ich danke den Bürgern dieser Stadt und dem Bürgermeister des Bezirks Zehlendorf, Herrn Klemann, daß Sie die Verbindung zur Wissenschaft und zu den Wissenschaften schätzen und daß Sie den großen Wissenschaftler Otto Hahn durch die Namensgebung des Platzes ehren. Ich danke der Freien Universität und ihrem Präsidenten, Herrn Kollegen Lämmert, für die gute und fruchtbare Zusammenarbeit mit unseren Max-Planck-Instituten und daß Sie das Wohnhaus von Otto Hahn auch nach außen hin sichtbar in Ihre Obhut genommen haben. Und ich danke dem Enkel Otto Hahns, Herrn Dieter Hahn, daß er das Vermächtnis, das ihm übertragen ist, in so schöner Weise pflegt.

## Hans Käding

Um Otto Hahn, Ehrenbürger der Stadt Berlin, zu ehren, sind wir hier zusammengekommen. Hier in dieser Stadt und nahe der langjährigen Wirkungsstätte, in der der größte Teil von Hahns Lebenswerk entstand.

Über die Arbeit und den Menschen ist soviel geschrieben und geredet worden, auch von ihm selbst, z. B. in einer wissenschaftlichen Selbstbiographie, so daß eigentlich alles gesagt ist. Richtiges und auch manches — sagen wir — weniger Verständliches. Eigentlich sollte man dem allen nichts mehr hinzufügen. Und doch, hier nahe dem schönen Wohnhaus, erbaut 1929, bewohnt bis 1944, nur wenige Minuten Fußweg vom damaligen Kaiser-Wilhelm-Institut für Chemie entfernt, darf man wohl mit einigen persönlichen Erinnerungen aus sieben Jahren „bei Hahn in Dahlem" einiges aus der Zeit um die Wende der 20er/30er Jahre skizzenhaft lebendig werden lassen.

Wer damals das Institut betrat, 1912 erbaut, konnte den Eindruck haben, man komme in eine Klinik, in der es streng antiseptisch zugehe. Eine große Halle mit einer stattlichen Treppe, hellgrauer Stein, Glastüren rechts und links, alles weiß lackiert. Nur selten sah man jemand. Die Abteilungen Hahn/Meitner hatten auch nur ca. 20 Assistenten und Mitarbeitern, verteilt auf zwei Stockwerke. Hinzu kam im Garten des Instituts das sogenannte Radiumhaus, in dessen tiefem Keller hinter einer abschirmenden, schweren Stahltür die damals sehr beachtliche Menge bis zu 1 g Radium (Gewicht) lagerten. Sie gehörte der Notgemeinschaft der deutschen Wissenschaften. Sein Preis betrug 360 000,— RM. Je nach Bedarf wurde das Radium in der benötigten Form in das eigentliche Institutsgebäude gebracht oder auch für Versuche an andere Interessenten verschickt.

Der Neuling wurde auch bald unterrichtet, daß — sorgfältig getrennt — hinter den erwähnten großen Glastüren links mit stark radioaktiven, rechts mit schwach aktiven Präparaten gearbeitet wurde. Und es gehörte beinahe zu den Wundern, daß es in all den Jahren gelang, radioaktive Verseuchung oder Strahlenschädigungen zu vermeiden.

Neben der Kenntnis der Zusammenhänge der drei natürlichen radioaktiven Zerfallsreihen war das erste, was man von Hahn lernte, sauber, exakt und sorgfältig zu arbeiten. Nur bei Beachtung peinlichster Sauberkeit war es unter demselben Dach möglich, neben Arbeiten mit starken radioaktiven Präparaten Arbeiten erfolgreich durchzuführen, in denen mit nur wenigen Atomen Strahlungsäquivalent dann die Erfolge zu erzielen waren, die zu den Ergebnissen aus dem Hahn-Meitnerschen Institut führten.

Der Tag in Dahlem begann morgens 9.00 Uhr. Pünktlichkeit war hier angezeigt, obwohl er manchmal lange, sehr lange dauerte. Die Umwandlungen der radioaktiven Stoffe verlangten des öfteren, lange Meßreihen kontinuierlich zu verfolgen, am nächsten Morgen wäre unter Umständen nichts mehr an Strahlung vorhanden gewesen. Gemessen wurde in Elektroskopen für $\alpha$-, $\beta$- und $\gamma$-Strahlen, sorgfältig vom Institutsmechaniker gebaut. Dazu erklärte Hahn oft etwas vorwurfsvoll, daß er in Montreal bei Rutherford das alles aus Konservendosen und Tabakbüchsen selber zusammenbauen mußte. Im übrigen wurde mit einfachen Glasgeräten oder Apparaturen gearbeitet. Becherg läser, Uhrgläser und dergleichen waren das tägliche Handwerkszeug. Hahn hielt nichts von komplizierten Apparaturen. Sein Arbeitsprinzip war: Vor den Versuchen gut überlegen, sauber und einfach arbeiten, exakt beobachten, auch kleinste Abweichungen zu registrieren und sorgfältige Aufschreibungen zu machen, in Heften, nicht auf Zetteln. Heute findet man in chemischen Laboratorien gelegentlich kaum noch Reagenzgläser.

Im Institut ging es recht ungezwungen zu. Das ergab sich wohl aus der unkomplizierten Art, in der Hahn mit den Menschen umgehen konnte. Frankfurter Jovialität mischte sich aufs beste mit Berliner freundlicher Gemütlichkeit. So strahlte alles eine gewisse Selbstverständlichkeit aus, als könne es gar nicht anders sein. Jeder hatte seine eigene Arbeit, auch der junge Doktorand, der damals nach Ablegung des sogenannten Verbandsexamens — Diplomchemiker bzw. Diplomarbeiten gab es nicht — sich unversehens reiner Wissenschaft ohne jeden Lehrbetrieb gegenübersah, noch dazu auf einem merkwürdigen Gebiet mit ungewohnten Methoden. Das war aber trotzdem Chemie.

Bis 1933/34 gab es drei feststehende Ereignisse in der großen Familie: Im März den Chefgeburtstag im Arbeitszimmer von Hahn (mit Frau Hahn), im Juni einen Ausflug nach Wannsee — mit Überfahrt nach Gatow/Kladow nach festgelegtem Schema — und die Weihnachtsfeier, die mit Sketchen angereichert war, natürlich das abgelaufene Jahr behandelnd. In meiner Erinnerung waren sie manchmal recht ruppig. Aber bei Hahns Sinn für Humor gab es dabei nie einen Mißklang. Es ging eben recht demokratisch zu, dabei war die Hahnsche Autorität etwas so völlig Selbstverständliches, daß bestimmte Grenzen nie überschritten wurden.

Ende der 20er Jahre war Dahlem noch ein recht stiller Villenort. Die Kaiser-Wilhelm-Institute bildeten darin eine kleine Welt für sich. Man kannte sich einigermaßen und wußte voneinander. In der täglichen Kaffeestunde waren dann auch wissenschaftliche Erörterungen häufig der Inhalt der Gespräche.

Mit den fortschreitenden wirtschaftlichen Schwierigkeiten (um 1930) und der Radikalisierung der Politik spielten dann auch naheliegende Themen eine Rolle. Hahn, der gelegentlich hinzukam, besonders wenn es etwas zu lange dauerte, war darüber nicht begeistert. „Ihr regiert wohl schon wieder?" war so eine Bemerkung, die erkennen ließ, daß es Zeit war, wieder an die Arbeit zu gehen. Hahn selbst kümmerte sich nur wenig um Dinge, die außerhalb der Wissenschaft im weitesten Sinne lagen (cum granu salis natürlich).

Die Verwaltungsarbeit in der damaligen Zeit war nicht umfangreich. Einer der Assistenten wurde zum Verwaltungsassistenten bestimmt und erledigte den größten Teil der anfallenden Arbeit nebenher, so daß der Direktor sich nur mit wenigen wichtigen Dingen selbst befassen mußte. Hahns Neigung kam das sehr entgegen. Im weißen Mantel selber im Laboratorium zu arbeiten, behagte ihm mehr. Und das tat er sehr häufig, soweit es eben ging, bis zum Ende der Dahlemer Zeit.

Als a.o. Professor hielt er eine Vorlesung an der Universität. Sie war nie gut besucht. Radioaktivität war kein Prüfungsfach an der in die vier klassischen Fakultäten gegliederten Berliner Universität. Philosophie, zu der die Chemie gehörte, war bei der Promotions-Prüfung Pflichtfach.

Gegen das Spätjahr hin diskutierten wir des öfteren, daß Otto Hahn eigentlich Nobelpreis-verdächtig sei, nachdem schon bis Anfang der dreißiger Jahre ein Lebenswerk mit großen Erfolgen vorlag. Anerkennung war ihm natürlich nicht versagt geblieben. 1925 in die Preußische Akademie der Wissenschaften berufen zu sein, war gewiß eine sehr große Ehre und Würdigung von Hahns Arbeiten. Ich bin nicht berufen, das hier eingehend darzulegen. Aber da fast nur von der Krönung aller Arbeiten die Rede ist, der Spaltung des Uran-Atoms, so sollte ich doch wohl etwas aus der großen Fülle des Lebenswerkes von Hahn kurz erwähnen, soweit es grundsätzlichere Bedeutung hat.

In den Anfängen des Jahrhunderts war die Radioaktivität weitgehend ein noch wenig bekanntes und mit den bekannten Mitteln des Chemikers nicht zu eroberndes Gebiet. Statt der Waage des Chemikers wurde das Elektroskop das Handwerkzeug. Die Messung von Strahlungen und Arbeiten mit gewichtslosen Mengen zu einer Zeit, als der Weltäther bei Theoretikern immer noch eine Rolle spielte, und das Atom als das „unteilbare Ganze" betrachtet wurde, das war damals der Schlüssel, der die Tür zu ganz neuen Räumen aufschloß.

Hahn hat des öfteren gesagt, er habe sehr viel Glück gehabt. Vielleicht ist das teilweise richtig. In einem besonderen Fall kann man das sogar ausdrücklich bestätigen. Und zwar gleich zu Anfang von Hahns wissenschaftlicher Laufbahn. Nach eigener Darstellung mußte er im Jahre 1904 in London — wo er sich eigentlich zur Erlernung der englischen Sprache befand — an seine erste Aufgabe in Sir William Ramseys Londoner Institut ohne jede besondere Kenntnis herangehen. Er sollte aus einem Radium/Barium-Präparat das Radium konzentrieren. Unbeeinflußt vom Wissen des Experten, aber mit der Hahnschen Sorgfalt im chemischen Arbeiten und Genauigkeit bei den Messungen und seiner wissenschaftlichen Phantasie fand er sein erstes „Element", das Radiothor. Und das verteidigte er dann mit Erfolg gegen Einsprüche und Zweifel der damals Großen seines Faches, die das übersehen hatten.

Hahn hatte die Richtung seines wissenschaftlichen Lebensweges gefunden. Bei seinem eigentlichen Lehrer und späteren Freund Ernest Rutherford in Montreal wurden die Kenntnisse vertieft und das Material für eine Habilitationsschrift (1907) bei Emil Fischer in Berlin gesammelt. 1907 wurde das Mesothorium entdeckt, mit etwa 7 Jahren Halbwertszeit ein bequemes Austauschprodukt für das teurere und mit 1600 Jahren Halbwertszeit viel langlebigere Radium. Um bei den wesentlichen „Elementen" aus dem Hahn/Meitnerschen Laboratorium zu bleiben, so muß noch das wichtige Protaktinium (Halbwertszeit 32 000 Jahre) genannt werden, 1917 zusammen mit Lise Meitner entdeckt. Neben Radium das einzige radioaktive Element, das wegen der langen Halbwertszeit in wägbaren Mengen gewinnbar war.

Bei dem Protaktinium handelt es sich nun wirklich um ein neues Element. Es hat die Ordnungszahl 91, eine bis dahin leere Stelle im periodischen System der Elemente. Alle anderen früher genannten Elemente erwiesen sich als isotope Atomarten.

1913 hatte Soddy in England den Begriff der Isotopie als erster formuliert. Sie besagt, daß es Atomarten gibt, die chemisch völlig gleich sind und daher an der gleichen Stelle des periodischen Systems stehen, aber verschiedene Atomgewichte besitzen. Die damals immer weiter wachsende Zahl von radioaktiven Elementen war eben keine, sondern radioaktive Atomarten. Auch Hahns Radiothor und das Mesothor waren keine Elemente. Er selbst wußte seit langem, daß Radiothor, Radioactinium, Thor oder Radium, Mesothor und Thorium X nicht voneinander zu trennen waren. Diese Unmöglichkeit der Trennung war eindeutig und beweisbar. Ohne Atomgewichtsbestimmung, die damals nicht möglich war, die chemische Gleichheit zu postulieren, dazu entschloß sich Otto Hahn nicht. „Ich war damals zu konservativ, den Pragmatismus der Engländer besaß ich nicht", erwähnte er gelegentlich. Er war und blieb damals quasi noch im Vorhof zur Ruhmeshalle des Nobelpreises, den Soddy im Jahre 1921 erhielt.

Unter den vielen Arbeiten Hahns, die hier nicht einmal aufgezählt werden können, verdienen zwei besonders hervorgehoben zu werden, da sie von grundsätzlicher Bedeutung sind. Eine ist der radioaktive Rückstoß, 1909, die andere die Auffindung der ersten Kernisomerie, 1921.

Bei der Umwandlung von Actinium in die Actiniumemanation war — auch von Hahn — eine sehr kleine Restaktivität gefunden worden, die nicht erklärbar war. Alle anderen gaben auf, aber zähes, sorgfältiges und umsichtiges Suchen führte Hahn dann zur Lösung des Problems: zum sogenannten radioaktiven Rückstoß. Ähnlich wie eine Kanone nach Abfeuern eines Geschosses einen Rückstoß erleidet, so ereignet sich das gleiche beim Herausschleudern eines $\alpha$-Teilchens (Helium-Kern) oder eines $\beta$-Elektrons aus einem Atom, dessen Rest einen solchen Rückstoß erleidet. Von dem Atombau bzw. von einem Atomkern wußte man damals, 1909, noch nichts. Hahn nannte das damals „Zerplatzen" eines Atoms. Mit Lise Meitner wurde das zu einer wichtigen präparativen Methode ausgebaut, die für die physikalische Reindarstellung radioaktiver Zerfallsprodukte später große Dienste leisten sollte.

Eine andere Arbeit war 1921 die Auffindung von Uran Z. Auch hier führte die Beobachtung einer sehr kleinen, fast vernachlässigbaren Restaktivität schließlich zum Begriff der Kernisomerie. Als isomer bezeichnet man in der Chemie Moleküle gleicher atomarer Zusammensetzung, die aber bei verschiedenem strukturellen Aufbau sich in ihren Eigenschaften unterscheiden. Hahn dehnte diesen Isomeriebegriff auf den Atomkern aus. Er fand ihn in zum Teil recht mühevollen Großversuchen mit Urannitrat. Das einheitliche $UX_1$ geht in das einheitliche UII über unter $\beta$-Strahlung sowohl über $UX_2$ (zu 99,3 %) als auch über das „neue" UZ (zu 0,7 %), alles Protaktiniumisotope. Beide sind identisch bis auf die Energie der zu ihrer Bildung und Umwandlung führenden $\beta$-Strahlen. Hahn hat die Entdeckung des Uran Z seine schönste Arbeit genannt. Damals, 1921, fand sie wenig Beachtung. Erst mehr als 10 Jahre später, bei der Beschäftigung mit der sogenannten künstlichen Radioaktivität, erkannte man die Bedeutung der Kernisomerie.

Mitte der zwanziger Jahre begannen dann die vielen Arbeiten, die man zusammenfassend als „Angewandte Radiochemie" bezeichnet. Ich will hier nur ihrer Bedeutung wegen die sogenannten „Hahnschen Fällungs- und Adsorptionsgesetze" und die „Mischkristallbildung" nennen. Die umfangreichen Arbeiten über Fällungsreaktionen zeigten, daß die Abscheidung eines Elementes auch aus größter Verdünnung, wenn es in unwägbaren Mengen vorliegt, sich so verhält, als ob das betreffende Element in makroskopischen Mengen vorhanden ist, vorausgesetzt, daß beide Komponenten Mischkristalle bilden. Wenn sie das tun, dann folgen sie auch quantitativen Gesetzmäßigkeiten. Die Hahnschen Fällungsgesetze waren ein wichtiges methodisches Werkzeug bei der engültigen Klärung der Spaltung schwerer Atome auf *chemischem* Wege. Interessant ist noch der Hinweis, daß die *physikalische* Deutung des im Dahlemer Institut gefundenen Prozesses unter Benutzung der Methode des erwähnten radioaktiven Rückstosses erfolgte, zuerst Mitte Januar 1939 durch Lise Meitner und ihren Neffen Otto R. Frisch in Schweden bzw. Kopenhagen.

Im Herbst 1934 begannen Hahn und Meitner wieder eine große Arbeit gemeinsam, zu der sich dann bald auch Fritz Strassmann zugesellte, der seit einigen Jahren am Institut tätig war. Es handelte sich um die sogenannten Transurane, die Fermi durch Einwirkung von Neutronen auf Thor und Uran beobachtet und beschrieben hatte. Das Dahlemer Institut war wie kein zweites aufgrund seiner langjährigen Kenntnisse und praktischen Erfahrungen geradezu prädestiniert, ähnliche Arbeiten aufzunehmen. Aber weder hier noch an anderen Orten konnte in den nächsten vier Jahren Klarheit in die offenbar sehr komplexen Zusammenhänge gebracht werden. Mitten in diesen Arbeiten mußte Lise Meitner im Juli 1938 Deutschland verlassen, da sie nach der Eingliederung von Österreich in das damalige Reich ihre Österreichische Staatsbürgerschaft verloren hatte. Der Ariadnefaden durch das Labyrinth war noch nicht gefunden.

Es ist hier in der Kürze nicht möglich, die Entwicklung der letzten Monate des Jahres 1938 nachzuzeichnen. Wir wissen heute, daß sich Ende Dezember 1938 im Dahlemer Institut endlich die verblüffende Deutung des Neutronenbeschusses von Uran ergab. Das Uranatom wird durch die Einwirkung von Neutronen in Barium und Krypton gespalten. Gegen alle Theorie.

Daß Hahn sich entschloß, mit Fritz Strassmann zusammen, Weihnachten 1938 als Ergebnis der Arbeiten vom Spätsommer/Herbst 1938, die Spaltung des Atoms zu veröffentlichen, „zerplatzen" wurde es genannt, ist bemerkenswert. Aus den sehr schwierigen Versuchen mit einer nur schwachen Neutronenquelle mit Geigerzählern ohne automatisches Zählwerk auf umständlichen chemischen Wegen, basierend auf der jahrzehntelangen radioaktiven Erfahrung, diesen Schluß zu ziehen, zeigt die Genialität des Mannes, der an sich doch so vorsichtig, selbstkritisch und zweifelnd war, bevor etwas veröffentlicht wurde. Hierfür gab es nun den Nobelpreis, den wir eigentlich schon früher erwartet hatten.

1934 verließ ich das Institut, um in die Industrie zu gehen und erlebte es und seine Arbeiten aus der Ferne und bei gelegentlichen Besuchen und damit auch Otto Hahn bis in die Kriegsjahre.

Wir sahen uns dann mit einer Unterbrechung von ca. 2 ½ Jahren nach dem Krieg wieder, etwa im Sommer 1946, als wir Hahn für einige Tage an den Niederrhein holen konnten. Mit Kriegsende hatte er den Labormantel ausgezogen und nicht mehr experimentiert. Er tat dann das, was er früher nur widerstrebend tat. Er übernahm ein Amt, das in die Öffentlichkeit wirkte. Er wurde Präsident der dann als Max-Planck-Gesellschaft neu gegründeten Kaiser-Wilhelm-Gesellschaft. Es begann ein ganz neuer, nicht vorhersehbarer Abschnitt in Hahns Leben, der so bekannt ist, daß ich hierüber nichts mehr sagen muß.

Ich muß auch zum Schluß kommen. Wenn ich nun noch sagen soll, was war Otto Hahn eigentlich für ein Mensch, so komme ich eigentlich in Verlegenheit. Ich beschränke mich auf zwei Dinge, die zusammen mit dem Vorgetragenen ja wohl genug aussagen. Nach sieben Jahren Dahlem war der Abschied aus der Dahlemer Gemeinschaft und von dem Lehrer schwer und ich sage heute, auf meine eigenen Lebensabschnitte blickend, daß die Zeit am damaligen Kaiser-Wilhelm-Institut die schönste war, die ich erlebt habe und noch etwas anderes: Noch oft trafen wir Otto Hahn: des öfteren in Göttingen, zufällig auf Reisen oder sonst wo, das war jedesmal eine große Freude. Aber bis zum Schluß wurde ich, keineswegs von Minderwertigkeitskomplexen geplagt, in Gespächen mit Hahn, noch immer mit dem Empfinden des ehemaligen Schülers, zuweilen ein leises Gefühl des Unbehagens nicht los. Immer befürchtete ich etwa, daß er bei einer Diskussion bei der zweiten, spätestens der dritten Frage feststellte: „Das haben Sie wohl wieder nicht ganz richtig überlegt", so freundlich und mit so viel Charme das auch immer gesagt wurde.

Das waren einige Reminiszenzen an Dahlem, an Otto Hahn, an eine schöne Zeit, die nun schon 50 Jahre und mehr zurückliegt.

Printed by Libri Plureos GmbH
in Hamburg, Germany